S0-FQW-658

Po... ...ordon
qu... ...la Loire,
ses paysages et ses
grands hommes !
Noël 2005
Marie et Jean-Claude

Léonard de Vinci

ou le génie du roi au Clos Lucé

Gonzague Saint Bris

Léonard
de Vinci

ou
le génie du roi
au Clos Lucé

CLD éditions

la Nouvelle République

CRÉDITS PHOTOGRAPHIQUES :
Nouvelle République, Gérard Proust : p. 32, 48, 52, 53, 54, 56, 57, 58 (machine volante et compteur kilométrique), 59 (maquette). Leemage : p. 13, 15, 16, 19, 20, 21, 22, 23 (personnages), 24 (Annonciation), 25, 26, 27 (personnages), 28, 29 (fresque), 30 (dessin d'embryon), 31, 34 (Léon X), 35, 36, 37, 39, 42, 43, 45, 46, 47, 51 (George Sand), 58 (sauf machine volante et compteur kilométrique). Rue des Archives : p. 8, 10, 23 (chevaux), 24 (Saint Jean-Baptiste), 27 (chevaux), 30 (sauf dessin d'embryon), 34 (François Ier), 51 (Frédéric Chopin), 59 (dessins). Réunion des Musées Nationaux : p. 18, 40. Corbis : p. 29 (étude pour La Cène), 44. GSB : p. 51 (Georges Saint Bris), CLD : p. 6, 9, 11, 14, 38, 50, 55.

« *Misérables mortels, ouvrez les yeux !* »

LÉONARD DE VINCI

Situé au-dessus d'un joli tertre dominant Amboise, le château de Cloux – qui, par déformation, deviendra plus tard le Clos Lucé – est édifié au XVe siècle par Étienne Leloup, maître d'hôtel, chambellan et surtout homme de confiance du roi Louis XI, qui en avait acquis la terre des religieuses du prieuré de Moncé. Marié à Artuse de Ballan, ce gentilhomme aisé, qui par ailleurs est encore garde des forêts d'Amboise et de Montrichard et bailli d'Amboise, apporte tout son soin et les ressources de sa grande fortune à la construction de cette résidence aux alentours de l'année 1477, qui se présente alors comme un manoir d'une dizaine de pièces pourvu, selon le goût du temps, de grandes salles à poutres, d'une tourelle d'escalier octogonale à toit pointu, d'une poterne fortifiée (et équipée d'un petit canon) et d'un colombier pouvant abriter cinq cents pigeons.

Outre ses vignes, ses jardins, ses viviers, sa saulaie et sa belle vue sur la Loire ainsi que son affluent, l'Amasse, traversant le domaine, la première qualité du Clos Lucé consiste dans le fait d'être situé tout près du prestigieux

Vue aérienne d'Amboise et de son château.

7

Le roi Louis XI reçoit
un message des Liégeois
pour faire alliance avec eux
contre le duc de Bourgogne
Charles le Téméraire.

château d'Amboise, merveille de dentelle de pierre oscillant du gothique flamboyant à la magnificence Renaissance, dans lequel réside, depuis plusieurs dizaines d'années, la cour de France et avec lequel, raconte une ancienne tradition, il serait relié par un souterrain secret.

Amboise, en effet, ancien oppidum romain – où peut-être César lui-même aurait logé pendant la guerre des Gaules – puis cité organisée dès le Ve siècle, est un lieu de résidence fort ancien, puisque c'est là, déjà, que Clovis rencontra Alaric, roi de Wisigoths, afin de négocier avec lui un accord régissant leurs frontières communes. C'est Ingelger, comte d'Anjou, qui en 870 fait édifier le premier château que vont agrandir ses successeurs, en particulier Foulques Nera et Hugues Ier, château qui, tout au long de la guerre de Cent Ans, sous l'impulsion de la famille d'Amboise, résiste victorieusement à bien des assauts. En 1431 cependant, le roi Charles VII le confisque à Louis d'Amboise, impliqué dans une conspiration contre l'autorité royale. Ce dernier et ses descendants, qui donneront à la couronne des chefs de guerre, des prélats et des cardinaux seront, plus tard, réhabilités. Mais jamais le roi ne leur rendra le château dont, progressivement, il va faire une des principales résidences de la monarchie française, une de ces étapes chères à la dynastie des Valois, si attachée à la Loire et sa douceur de vivre, qu'elle devient le cadre grandiose et raffiné de ses séjours pendant plusieurs générations.

Fils et successeur de Charles VII, Louis XI, qui passe à Amboise une partie de sa jeunesse, fait à son tour restaurer le château pour sa seconde épouse Charlotte de Savoie, non sans prendre garde – prudence oblige ! – de le doter

d'une épaisse muraille ponctuée de plusieurs tours rondes de vingt mètres de diamètre, dont deux existent toujours, la tour des Minimes et la tour Hurtault. N'est-ce pas à Amboise qu'il reçoit Charles le Téméraire et que, dans la chapelle Saint-Hubert, il fonde en 1469 l'ordre de Saint-Michel, ce qui prouve son attachement au lieu ?

Château d'Amboise.

Charles VIII, tableau réalisé par l'école de Léonard de Vinci, Musée de Condé à Chantilly.

Louis XI de surcroît dote le château de nouvelles ailes, en particulier le logis dit des Sept Vertus – ainsi nommé à cause de sept statues décorant sa façade – bâtiment qu'achève, aux alentours de 1495, son fils et successeur Charles VIII, né à Amboise en 1470 et qui, lui aussi, a passé ici sa jeunesse, tandis que sa sœur Anne de Beaujeu assumait en son nom la régence de la France.

Effectuant plus de 800 000 francs de dépenses au château (somme colossale au XVe siècle !), ce dernier – peut-être pour faire oublier son physique ingrat – imprime à la demeure une rare magnificence dont témoigne en particulier le magnifique jardin italien, créé par Dom Pacello, et inspiré de ceux de Naples. « Le roi veut faire de ce palais une cité », écrit l'ambassadeur de Florence, une cité bientôt remplie de trésors d'Italie, de meubles, de tapisseries, de tableaux, de vaisselle d'argent ou de vermeil, mais aussi d'animaux sauvages, de plantes et d'armes, réalisant ici la synthèse esthétique et scientifique de son époque. Outre les courtisans, les détenteurs de charges et les domestiques, une foule d'artistes, d'architectes, d'ingénieurs, de peintres et d'hommes de lettres anime le château devenu, l'espace d'un moment, la « capitale » de la France puisque séjour de son roi, de sa cour et de son gouvernement et par là même, au moment du « mirage italien », le centre de l'Europe médiévale, « un véritable paradis terrestre », écrit à l'époque le cardinal Briçonnet.

À cette même époque, Charles VIII justement, rachète le Clos Lucé le 22 novembre 1490 à Étienne Le Loup, en échange de la somme de 3 500 écus d'or. Le roi connaît bien la demeure, où il est souvent venu enfant en compagnie de son gouverneur Jean Bourré, et où il a pu voir le Bourguignon Simon de Quigey, ancien capitaine de Charles le Téméraire et comme tel, reclus au manoir sur ordre de son père, « avec une longue chesne et une sonnette au bout ». Aussitôt, il le fait embellir pour son épouse, Anne de Bretagne, fille du duc François II et de Marguerite de Foix, et pour le dauphin qu'elle lui donne bientôt, Charles-Orland, lequel malheureusement, s'éteindra au berceau. C'est donc à Charles VIII que la demeure doit son apparence actuelle, avec ses murs alternant les briques roses et la pierre blanche, avec sa tour de guet et sa galerie suspendue dominant le parc, avec les hermines (symboles de la Bretagne) sculptées sur ses façades, avec enfin sa chapelle, toujours existante, où la pieuse reine, laide et bancale, mais intelligente et cultivée, pouvait faire ses dévotions sans quitter son logis, regrettant parfois les fastes de son château de Nantes, mais se consolant en contemplant la douceur des paysages de la Loire et la bonhomie de ses habitants. La tradition rapporte que Charles VIII vient régulièrement au Clos Lucé visiter le parc, voire y faire la sieste sous les ombrages les jours de grande chaleur estivale, souvent en compagnie de ses proches parmi lesquels François Martolilla, ce moine italien qui, un jour, allait entrer dans l'histoire sous le nom de saint François-de-Paule. Et de cette époque datent du reste les portraits sculptés du roi et de la reine sur l'une des façades du manoir.

Mais ce temps du bonheur est de courte durée puisque le 7 avril 1498, Charles VIII trouve la mort à Amboise, à l'âge de vingt-huit ans, à la suite d'un stupide accident (il s'était cogné la tête contre un linteau de porte), laissant la reine Anne désespérée par son deuil. Après l'avoir longue-

La tour octogonale de la façade, ornée d'une statue de saint Jean-Baptiste et des armes de France et de Savoie.

ment et sincèrement pleuré, celle-ci cependant se remarie avec son successeur et cousin Louis XII, puisque les clauses de son contrat de mariage lui imposaient ce choix, de manière à ce que son duché de Bretagne demeure définitivement terre française.

La reine quitte alors le Clos Lucé pour Blois, devenu le nouveau siège de la cour, tandis qu'un nouveau propriétaire achète le domaine, Louis de Luxembourg, comte de Ligny et de Saint-Pol, fils du connétable décapité sur ordre de Louis XI en 1475 et père de Charles, futur gouverneur de Paris en 1530.

Une nouvelle dame succède alors au château d'Amboise à Anne de Bretagne, Louise de Savoie, veuve du comte Charles d'Angoulême, de la branche cadette des Valois et d'une certaine manière, sinon prisonnière en ce lieu, tout au moins en résidence très surveillée. Pourquoi ? Tout simplement parce que cette femme volontaire et cultivée, tout comme passionnée de politique, n'est autre que la mère du jeune comte François d'Angoulême, né à Cognac le 12 septembre 1494 et considéré comme l'héritier du trône puisque Louis XII ne parvient pas à avoir de fils d'Anne de Bretagne, qui ne lui a donné que deux filles, Renée, future duchesse de Ferrare, et Claude qui, précisément, épouse bientôt le comte d'Angoulême. Celui qui va prochainement entrer dans l'histoire sous le nom de Francois Ier passe donc, sous la tutelle du maréchal de Gié, une grande partie de sa jeunesse à Amboise, appelé selon la belle expression d'Ivan Cloulas « le château des espérances », à l'époque où Louis XII poursuit sans lui les guerres d'Italie. Quant à sa sœur tendrement chérie, Marguerite, née elle le 11 avril 1492 à Angoulême, elle

demeure tout près de là, au Clos Lucé qui appartient à l'époque à son mari, le duc d'Alençon, cousin et héritier de la famille de Luxembourg. C'est donc entre le château d'Amboise et le Clos Lucé que le futur François Ier s'initie, en compagnie de ses compagnons Fleuranges, Chabot et Montmorency, à l'art de la guerre, rompant quelques lances en attendant de vrais combats, ou qu'il se promène sous les frondaisons en compagnie de sa mère et de sa sœur, tous trois formulant des projets d'un avenir qu'ils pressentent aussi grand que brillant.

Marguerite de Valois est une des figures de femme parmi les plus attachantes de cette Renaissance qui lève. Douce, cultivée, spirituelle, la fille de Louise de Savoie

Vue du château d'Amboise,
1517, sanguine.
Collections royales
de Windsor.

13

pratique la littérature à ses heures et connaît sur le bout des doigts *La Divine Comédie*, *L'Imitation de Jésus Christ* ou les *Cent Nouvelles Nouvelles*, tout autant que les classiques grecs et romains. Fine politique, elle seconde intelligemment sa mère et son frère dans leur ascension progressive vers le trône et avec lesquels elle constitue ce qu'un chroniqueur de l'époque a judicieusement baptisé *La trinité royale*. Promise à divers princes depuis sa naissance (parmi lesquels Henri VII d'Angleterre et Christian de Danemark), elle est pourtant mariée à Charles IV, duc d'Alençon, dont elle tombe veuve en 1525. Remariée en 1527 à Henri d'Albret, roi de Navarre, elle deviendra la mère de Jeanne d'Albret (et par là même la grand-mère du futur Henri IV), se liera d'amitié avec Calvin, Clément Marot et Rabelais (qui lui dédie son quart livre) et protégera les protestants qu'elle recevra à sa cour brillante de Nérac. Femme de lettres accomplie, la princesse Marguerite est l'auteur de *Miroirs de l'âme pécheresse*, de l'*Heptaméron* qui constitue, dans les lettres françaises, une importante étape, et de *La Marguerite de la Marguerite des princesses*, rédigée peu avant sa mort dans les Pyrénées en 1549. En attendant ces événements, il est facile de l'imaginer au Clos Lucé, dans le rayonnement de sa jeunesse, suivie par ses dames d'honneur, jouant à colin-maillard dans le parc ou assise à sa table de travail, rédigeant quelque sonnet ou traduction de l'antique, rêveuse aussi, songeant à son amour impossible pour le beau et vaillant Gaston de Foix, ou méditant sur les hauts faits d'armes de son frère adoré.

C'est dire si Amboise et le Clos Lucé ont toutes les raisons pour être particulièrement chers à François Ier lorsqu'à son retour d'Italie en 1516, avec l'agrément de sa sœur, il met cette seconde demeure à disposition de l'être qui lui est, à cette époque, le plus précieux au monde : Léonard de Vinci.

Portrait de François Ier
à cheval par François Clouet.
Musée des Offices
à Florence.

2

Lorsqu'il s'installe au Clos Lucé, Léonard de Vinci a soixante-quatre ans. C'est le crépuscule de sa vie, mais aussi le plein midi de la maturité créatrice de cet homme qui, tour à tour, fut peintre, sculpteur, architecte, musicien, ingénieur, mathématicien, alchimiste et philosophe, au lendemain d'une carrière certes solitaire mais riche en péripéties, en créations et en intuitions qui l'a fait baptiser par Michelet « le frère italien de Faust ».

Il était né le 15 avril 1452 (un an après Christophe Colomb!) au hameau d'Anchiano, à trois kilomètres de Vinci, un petit village dominé par un château du XIIIᵉ siècle, au cœur de la Toscane, dans les environs d'Empoli. Sa maison natale, piazzetta Guazzesi, y existe toujours, bien que fortement restaurée (certains disent même reconstruite), de même que l'église où il fut baptisé et, avec eux, ce paysage de collines, d'oliviers et de vignobles sur les raides pentes du Monte Albano, dominant la vallée de Pistoïa qu'on retrouve dans le fond de certains de ses tableaux.

La Scapiliata,
dite l'Échevelée.
Peinture inachevée (v. 1508).
Galerie nationale de Parme.

La Vierge Marie,
l'Enfant Jésus et Sainte-Anne,
peinture, huile sur bois,
vers 1510.
Musée du Louvre à Paris.

Déjà en naissant, Léonard n'était pas comme les autres enfants puisqu'il était bâtard, bâtard de Ser Piero, de Vinci, notaire (et lui-même fils, petit-fils et arrière-petit-fils de notaires) et d'une jolie paysanne, Catherine, sur laquelle on ne sait pratiquement rien. L'année même de sa naissance, son père se mariait avec une jeune femme de seize ans, Albiera Amadori qui, pourtant, allait s'avérer stérile. Alors, un peu plus tard, Pietro réclamait son fils, âgé de cinq ans, et l'éduquait dans sa propre maison où demeuraient à ses côtés son propre père, sa mère, son frère et sa belle-sœur, tandis que sa mère se mariait enfin et donnait jour à de nombreux enfants. Curieux sort que celui de ce petit être sensible, d'abord refusé à sa naissance puis accepté par la suite, qui comprit de ce jour qu'il faut parfois forcer le destin. Ne lui a-t-on pas raconté, alors qu'il n'était qu'un bébé dans son berceau, qu'un milan (ou un aigle, ou un vautour) fondit un jour sur lui et lui ouvrit la bouche avec les plumes de sa queue ? En un temps où les présages sont considérés comme une des clés nécessaires à la compréhension du monde, chacun, Léonard le premier, se dit qu'il ne pourrait connaître qu'un destin exceptionnel, même si cette aventure supposée, aux dires de Freud, n'est sans doute qu'une sublimation de sa bâtardise. Cette clé pourtant expliquerait, toujours selon Freud, la disposition de certaines de ses toiles, *Sainte Anne*, *La Vierge et l'Enfant* en particulier.

De l'enfance et de l'adolescence de Léonard, on ne sait pas grand-chose, sinon sa passion pour la nature qu'il commence à étudier très jeune, avant de manifester ses étonnantes aptitudes graphiques en naturalisant des animaux et en décorant, à dix ans, un bouclier si magnifique

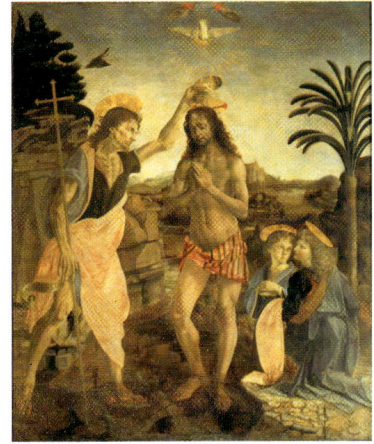

qu'il sera offert au grand-duc de Toscane. Voilà pourquoi, en 1465, nous le retrouvons à Florence dans l'atelier du peintre, sculpteur et orfèvre Verrocchio, en compagnie d'autres espoirs de ce « quattrocento » constituant le véritable laboratoire de la Renaissance, Botticelli, Perugino et Lorenzo di Credi. Il a treize ans et son apprentissage va durer six années, à la suite desquelles cet adroit gaucher devient membre de la prestigieuse corporation des peintres de Florence. Et peut-être est-ce lui que son maître prend pour modèle pour cette statue de David, qu'il achève en 1476, représentant un jeune homme bouclé aux traits fins, un trop beau jeune homme blond aux yeux bleus dont certains homosexuels recherchent la compagnie, d'où un procès un peu embrouillé deux ans plus tard, à la suite duquel une tradition persistante affirmera que Léonard – à qui il est vrai on ne connaîtra aucune liaison – n'aurait jamais aimé les femmes, mais ne réservait son intérêt esthétique, sensuel ou sexuel qu'aux jeunes et beaux garçons.

Vue de Florence vers 1490.
Anonyme.
Musée Com'era de Florence.

Le baptême du Christ
par Verroccio et Léonard
de Vinci. Musée des Offices
à Florence.

19

Rude apprentissage de la vie que celle de ce jeune homme surdoué, certes, mais oublié par sa famille et que son père en particulier – devenu veuf en 1475, il va se remarier quatre fois et donner jour à dix autres fils ! – laisse sans ressources, bien qu'il se soit, lui aussi, installé à Florence où il sert de notaire aux grands de la cité. Léonard ne vit donc que de commandes publiques, tableaux et fresques, que pourtant il abandonne souvent en cours de réalisation, car son esprit vagabonde sans cesse vers de nouvelles recherches qui lui font délaisser sa tâche pour des spéculations de plus en plus audacieuses. « Malheur à celui qui n'arrivera à rien, qui pense à la fin avant d'avoir commencé son œuvre », lui dira un jour le pape Léon X, s'apercevant qu'il essaie un nouveau vernis, avant même d'avoir ébauché le tableau qu'il lui a commandé ! Paresseux, Léonard ? Non, plutôt à la recherche d'une impossible perfection qui l'enthousiasme au début et le glace à la fin. Mais qu'importe l'argent. Ce pur intellectuel solitaire qui ne boit pas d'alcool, ne fréquente pas les courtisanes et ne mange jamais de viande, n'a besoin de presque rien pour vivre, sinon de papier et de crayons. Niché dans sa mansarde de la rue Ghibellina, il vit au jour le jour, et quand il a besoin d'argent, chante accompagné de son luth ou dessine ce que désirent les mécènes de la cité, inventant au passage le procédé de la sanguine. Il a tous les talents et peut envisager d'entreprendre n'importe quelle activité avec cette désespérante facilité des génies. Il mûrit vite, très vite, passant alternativement des pinceaux au luth, du luth aux mathématiques, des mathématiques à la philosophie et de la philosophie à l'art de la guerre, déjà considéré par les peintres comme un ingénieur et par les

Laurent de Médicis, peint par Giorgio Vasari. Musée des Offices à Florence.

ingénieurs comme un peintre, infatigable touche-à-tout dont personne, dans son entourage, ne semble pourtant comprendre ce qu'il veut démontrer sur ses croquis sublimes représentant l'homme dans un cercle de miroirs, l'homme-lion, l'allégorie du masque et du visage, le dodécaèdre illustrant la divine proportion, voire l'homme inscrit dans un cercle et un carré, la plus extraordinaire figure du XVIᵉ siècle et sans doute la plus énigmatique. Et à ceux qui lui disent que son activité bouillonnante ne lui servira à rien et qu'il ne fera pas fortune, il répond non sans noblesse : « On ne peut avoir ni moindre ni plus grande seigneurie que la seigneurie de soi-même. »

En 1482, Léonard quitte Florence pour Milan, où Laurent de Médicis – ayant appris qu'il venait de créer une lyre d'argent en forme de crâne de cheval – le recommande à Ludovic le More, muni d'une lettre de recommandation. Il en profite pour écrire à ce dernier une longue lettre dans laquelle il lui propose les inventions qu'il vient de mettre au point : bombes à gaz, mitrailleuses et chars d'assaut, voiture automobile, foreuse, ascenseur, lampes à souder, batiscaphe et parachute, tous objets totalement inconcevables pour ses contemporains mais qui, depuis plusieurs années, ont germé dans sa tête avec une évidence qui laisse pantois !

Ce n'est pourtant ni comme artiste, ni comme ingénieur que le duc l'utilise, mais – il fait du reste de même avec Bramante – comme metteur en scène des grandes fêtes de sa cour, telle celle du *Paradis*, donnée le 13 janvier 1490 en l'honneur du mariage de son neveu Gian Galeazzo avec Isabelle d'Aragon. Le duc lui accorde un atelier-logement dans le château de la Corte Vecchia, l'oc-

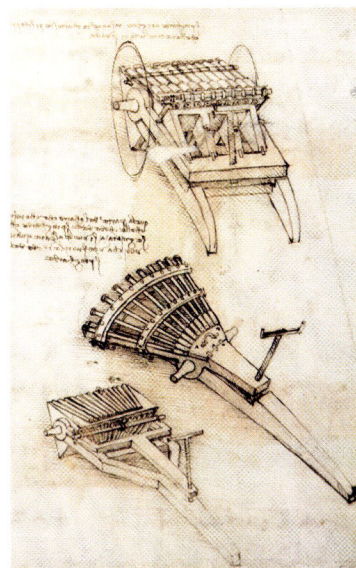

Canon à cannes multiples.

Étude des canons, sanguine, Bibliothèque royale à Windsor.

21

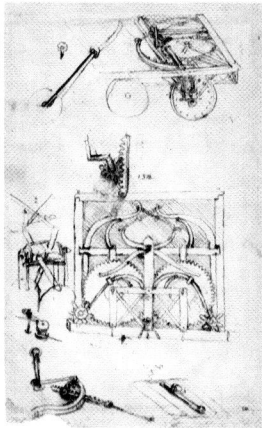

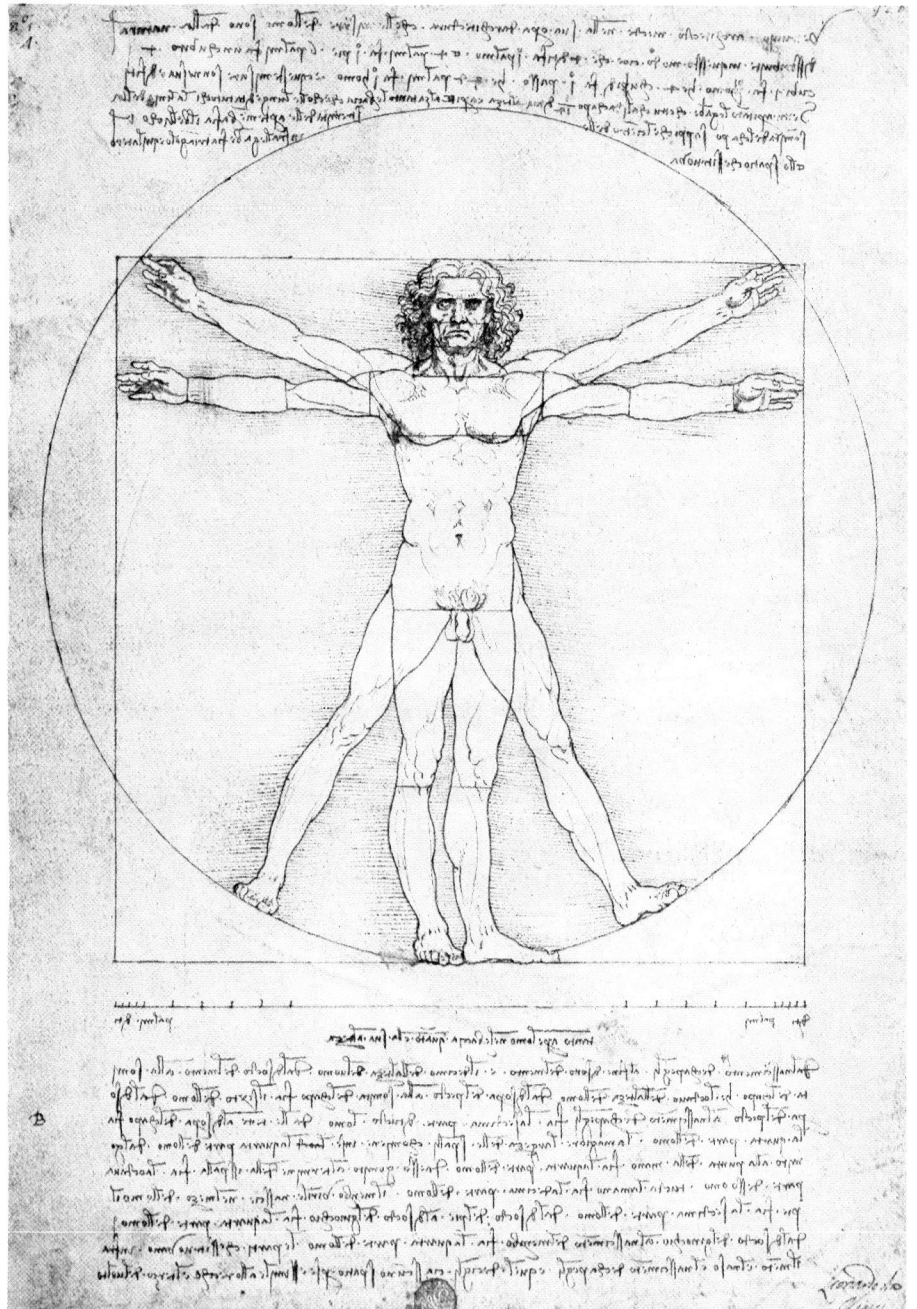

Ébauche d'un parachute,
plume et encre, vers 1485.
Ébauche d'« automobile »,
plume et encre, vers 1493.
Codex Atlanticus,
bibliotèque d'Ambrosiana
à Milan.

L'homme de Vitruve,
vers 1490. Plume et encre,
aquarelle légère sur crayon
argenté.
Académie de Venise.

cupe à divers projets et lui commande enfin une statue équestre colossale de son père, le condottiere Francesco Sforza, dans laquelle Léonard entrevoit son futur chef-d'œuvre, car depuis l'Antiquité, nul artiste n'a encore réussi à fondre dans le bronze un cheval et un cavalier de proportions gigantesques. Il va y travailler sept ans, sept années de prospectives techniques et esthétiques, sept années de recherches intensives, pendant lesquelles il théorise de nouveaux projets, parmi lesquels la lampe de bureau à intensité variable, la bicyclette, le réveille-matin à eau, la rôtissoire mécanique dont ses compatriotes ne comprennent pas très bien ce à quoi ces inventions peuvent servir !

Dans le même temps, Léonard qui multiplie les cordes à son arc, poursuit ses recherches en architecture, en optique, en science hydraulique, noircissant chaque jour des pages de manuscrits dont il ne se sépare jamais, parfois émaillés de surprenants dessins, représentant le plus souvent de beaux adolescents en compagnie de vieillards grotesques et par lesquels il montre peut-être qu'il a définitivement renoncé à la sexualité car « la passion intellectuelle, ainsi qu'il l'écrit lui-même, met en fuite la sensualité ». Ainsi, ce beau solitaire vit-il déjà comme un pudique ermite en une époque où la licence des mœurs est totalement effrénée et ne s'intéresse aux corps que sur le plan… de la pure anatomie ! Est-ce à ce moment qu'il accomplit un merveilleux périple en Égypte, dont il donnera une relation dans ses lettres, ou, plus justement, rêve-t-il de ce périple ? On ne sait. Toujours est-il qu'il séjourne à Pavie puis à Padoue dont il écume les bibliothèques, toujours à la recherche de concepts nouveaux, avant de revenir à

Étude de chevaux
pour réaliser la statue
équestre du Condottiere
Sforza commandée en 1489.

Profil de jeune homme
et d'homme âgé.

23

Milan finir, quand il en a le temps, quelques tableaux commencés, *l'Annonciation*, *Saint Jérôme*, la *Vierge aux rochers*, *Léda et le Cygne*, la *Dame à l'hermine* et *Saint Jean-Baptiste*.

Léonard a maintenant trente ans et commence à se désespérer en constatant que, lui qui peut tout, s'avère impuissant à réaliser ses projets. Ludovic Le More qui le paye davantage en compliments qu'en bonne monnaie sonnante et trébuchante, n'utilise guère ses capacités et la plupart de ses concitoyens le jugent comme un incapable, surtout depuis qu'il a prétendu pouvoir faire voler une machine, sans cependant y parvenir. De surcroît, il se complique la vie en adoptant un enfant découvert un jour au fond d'une masure à la campagne, un petit Giacomo, beau comme un diable, d'où le surnom dont on l'affuble, Salaïno. Cet enfant, il va l'élever avec amour, sans espoir de retour de la part d'un être déjà corrompu, « voleur, menteur, obstiné et glouton », qui lui coûtera bien cher en argent comme en désillusions. En 1493, sa maison se compose de six bouches à nourrir, car outre Salaïno, s'ajoutent les élèves Boltraffo et Marco, un inconnu et une certaine Catherine, à l'identité mystérieuse, dont on ne sait toujours pas s'il s'agit d'une servante ou de sa propre mère qu'il fait enterrer à ses frais deux ans plus tard.

Mais voici qu'il achève enfin en 1493 la maquette grandeur nature de sa statue colossale de Sforza, exposée à Milan le 25 août. Celle-ci, avec ses quatorze mètres de haut, laisse pantois d'admiration ses compatriotes et lui vaut non seulement la réputation de plus grand sculpteur d'Italie, mais encore un cadeau de Ludovic : une vigne dont les revenus lui apporteront un peu d'aisance avec ceux d'une autre, léguée, elle, par un de ses oncles. Léonard va-t-il enfin connaître la gloire éternelle ? Non, car la guerre commençant, les dix-sept tonnes de bronze sont saisies pour fabriquer des canons et Léonard, désespéré, voit anéantie l'œuvre de sa vie. De ce rêve fou, il ne restera que des notes, que Girardon reprendra à son compte deux siècles plus tard pour fondre son monumental Louis XIV à Paris, ce qui montre que, là encore, Vinci est un précurseur. Et sans doute s'en doute-t-il puisqu'à partir de cette même année, il se replonge avec frénésie dans ses manuscrits, persuadé à présent d'échafauder une théorie immense qu'il léguera aux siècles à venir. Mais, dans le même temps, il prend enfin le temps de finir *La Cène*, commencée en 1495, cette fresque destinée au réfec-

Ludovico Maria Sforza
dit Le More par Boltraffio.

L'Annonciation, vers 1472,
huile et détrempe sur bois.
Galerie des Offices
à Florence.

Saint Jean-Baptiste sous
les attributs de Bacchus,
vers 1513 / 1516 (?), huile
sur bois, transposé sur toile.
Musée du Louvre à Paris.

Portrait d'Isabelle d'Este, 1500. Pierre noire, sanguine et pastel jaune sur papier. Musée du Louvre à Paris.

toire du couvent de Saint-Martin-des-Grâces dans laquelle, malgré ses retards, il met tout son génie.

La guerre, pourtant, reprend avec l'avènement de Louis XII, réclamant le duché de Milan au nom des droits de sa grand-mère Visconti. Ses troupes entrent dans Milan en 1499, et Léonard décide de revenir à Florence, dans laquelle il se rend par le chemin des écoliers, résidant à Mantoue, où il effectue le portrait d'Isabelle d'Este, à Venise où il étudie de possibles défenses contre les Turcs et enfin dans le Frioul. A Florence, où il arrive enfin, un homme pourtant le remarque, et quel homme! César Borgia, duc de Valentinois, fils du pape Alexandre VI et chef de ses armées, qui l'engage comme ingénieur militaire et surtout comme inspecteur de ses forteresses de Sienne, Orvieto, Urbino, Pesaro et Rimini. En compagnie de son nouveau maître, Léonard rencontre Machiavel et devient son ami. Plus tard, il regrettera Borgia qui l'avait si bien compris, en s'écriant : « Où est donc le Valentinois ? » Mais avec la mort de son père, le pape en 1503, César n'est plus rien et doit s'exiler en Espagne. Léonard passe alors au service du gonfalonier Soderini qui lui demande tour à tour de soulever l'Arno de son lit, de tracer un canal de Florence à la mer et d'assécher les marais pontins, audacieuses expériences qui, faute de crédits, se soldent par un échec cuisant.

Mais rien n'arrête Léonard, à présent occupé à peindre une vaste fresque sur « la bataille d'Anghiari », remportée jadis par les Florentins sur les Milanais, dans la salle du grand conseil de Florence. Hélas ! la technique qu'il utilise est mauvaise et l'œuvre se détruit peu à peu, au lendemain de trois nouvelles années de travail acharné. Cette autre désillusion, suivie d'une brouille avec l'astre montant,

Michel-Ange, et de la mort de son père avec lequel il ne s'entendait guère, le laissent profondément désemparé. Léonard, malgré tout, se console en s'occupant de fortifications à Piombino et d'hydraulique et surtout – l'année est fertile en rebondissements – en entreprenant le portrait

Étude de personnages
et de chevaux pour
la Bataille d'Anghiari.
Bibliothèque royale
à Windsor.

La Joconde, vers 1503-1504 et 1510-1515, huile sur bois. Musée du Louvre à Paris.

d'une certaine *Joconde*, sans imaginer que ce tableau, dont on ne sait toujours pas exactement qui il représente, sera un jour le plus célèbre au monde.

À cette époque, il semble s'être définitivement installé à Florence où il a acheté une maison dans laquelle il vit, toujours aussi modestement, en compagnie de Salaï, de Zoroastro da Peretola et d'une certaine Margherita qui tient son ménage. Toujours très soigné de sa personne – l'élégance et la propreté sont ses seuls luxes – toujours végétarien, toujours entouré de jeunes et beaux garçons, il affiche un calme olympien face à l'exubérance proverbiale de ses compatriotes qui continuent de le prendre, à cinquante ans passés, comme un inguérissable original qu'on surprend sur le marché ouvrant les cages pour libérer les oiseaux ! Les Florentins s'amusent en 1505 de le voir échouer une nouvelle fois dans ses projets de machine volante, tout en lui pardonnant son anticonformisme puisqu'on le sait bon, doux, libéral, et à l'occasion généreux, « un homme excellent mais très singulier », dit de lui sa propre famille !

C'est alors qu'en 1506 Charles d'Amboise, maréchal de France, gouverneur du Milanais et neveu du célèbre cardinal, principal conseiller de Louis XII, fait appel à lui après avoir particulièrement admiré *La Cène*. Enthousiasmé par ses œuvres, le roi de France propose aussitôt à Léonard de devenir son premier peintre, poste assorti d'une pension et d'un privilège sur les eaux d'un canal. Pendant six années, libéré des soucis matériels, Léonard travaille en paix pour le compte de son bienfaiteur à qui il fournit des plans de villas, des projets de monuments funéraires, des travaux hydrauliques, tout en

La Cène, vers 1495-1498,
huile et détrempe sur enduit.
Réfectoire, Santa Maria delle
Grazie à Milan.

Étude pour *La Cène*,
vers 1495-1497, craie rouge.
Académie de Venise.

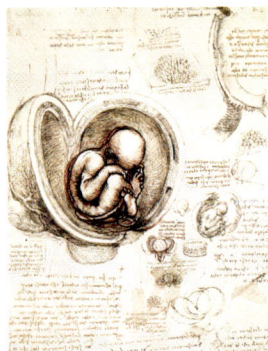
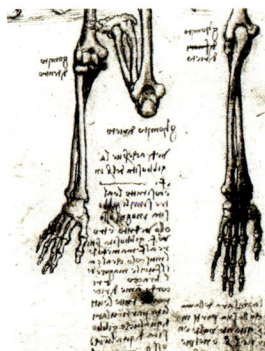
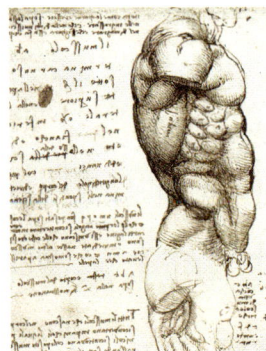
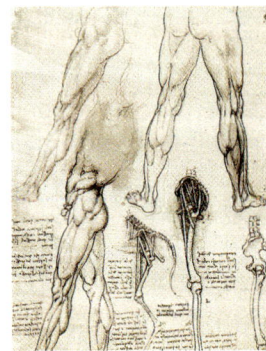
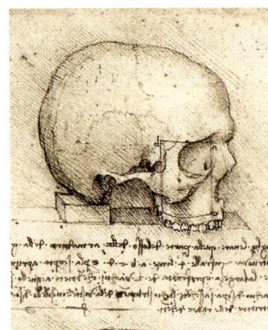
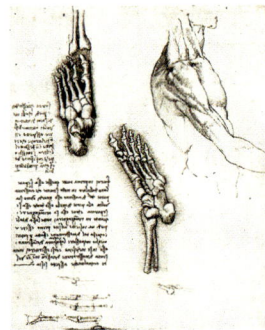
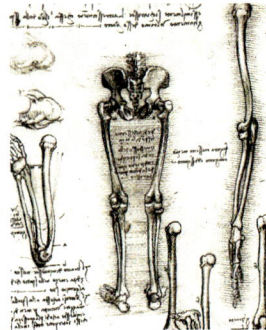
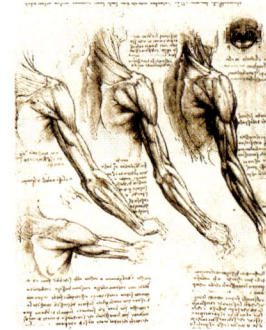

Dessin d'un embryon dans l'utérus.

Étude de la rotation du bras.

Étude des muscles latéraux du tronc.

Études pour les jambes d'un homme et les pattes d'un cheval.

Études du crâne humain en vue latérale.

Études de l'épaule et des os du pied.

Études de bassin féminin.

Études de la musculature du bras et de l'épaule.

Tous ces dessins proviennent de la bibliothèque royale à Windsor.

s'intéressant plus particulièrement à la science anatomique qui lui inspire de surprenants dessins, le plus souvent réalisés à partir d'autopsies clandestines puisque toujours interdites par l'Église. Une nouvelle fois, il met au point les grandes fêtes et réjouissances publiques et prend plusieurs congés pour se rendre à Florence où, cependant, il n'achève pas les œuvres qu'il laisse derrière lui, en particulier l'*Adoration des mages*.

En 1513, les Français abandonnent le Milanais et Léonard se réfugie à Rome, où l'accueille Julien de Médicis, frère du nouveau pape Léon X et commandant général de ses milices. Il loge au palais du Belvédère, forme des jeunes artistes, effectue de nombreuses expériences optiques dans son laboratoire – dont un réflecteur solaire qui n'aboutira pas – et présente un projet pour l'érection du dôme de Saint Pierre. Mais il se voit supplanté par Raphaël, le jeune prodige qui, pourtant, porte un grand respect à Vinci, dont il s'inspire des traits pour camper son personnage de Platon dans sa fresque *L'École d'Athènes*. En fait, le pape Léon X n'aime pas Léonard qui lui paraît suspect à cause de ses expériences alchimiques et de ses autopsies sacrilèges, et lui reproche de sentir par trop le soufre. La mort de Julien de Médicis porte bientôt de surcroît un coup fatal à son séjour romain et le conduit à s'expatrier une nouvelle fois à Milan, de nouveau reconquis par les Français au lendemain de la bataille de Marignan. C'est à ce moment qu'il rencontre Francois Ier qui lui demande de venir en France.

L'école d'Athènes, 1508-11,
Raphaël.
Palais du Vatican à Rome.

Il est, dans une vie, des rencontres rares, uniques, par lesquelles le monde se transcende. Celle de Léonard de Vinci, âgé de soixante-trois ans, avec François Ier, alors âgé de vingt et un ans, est de celles-là, comme le sera plus tard celle de Wagner et Louis II de Bavière, intense, rayonnante et magnétique.

Grand, athlétique, séduisant, sensuel, vaillant chevalier mais aussi fin politique, brillant lettré, érudit et esthète, François Ier tranche singulièrement dans la galerie des rois de France par ses qualités physiques, sportives et intellectuelles. À peine a-t-il ceint la couronne qu'il se précipite en Italie. Le 14 septembre 1515 au matin, il se fait armer chevalier par Bayard sur le champ de bataille de Marignan et, le soir même, remporte cette victoire qui fait de lui le maître des enjeux européens. Il est le jeune dieu à qui tout sourit et c'est ainsi que le voit, trois mois plus tard, dans la semaine du 11 au 15 décembre, le pape Léon X, venu à Bologne négocier avec lui ce qui deviendra le concordat, autre victoire cette fois-ci, mais diplomatique.

Le Clos Lucé vu du jardin.

Portrait de François Ier
par Jean Clouet.
Musée du Louvre à Paris.

Le pape Léon X, 1518, Raphaël.
Musée des Offices à Florence.

À Bologne, comme il se doit, Léon X n'est pas venu seul, mais accompagné de toute sa cour, donc de Léonard de Vinci que quelqu'un (peut-être la veuve de Julien de Médicis ?) présente au roi de France après une démonstration de son lion mécanique mu par un ingénieux système d'horlogerie. François Ier connaît déjà le nom de cet homme exceptionnel dont on lui a parlé et dont il a, à son tour, admiré *La Cène* à Milan, manifestant un tel désir de posséder cette œuvre qu'il va même jusqu'à demander si on peut l'emporter… avec ses murs ! Mais la rencontre directe tourne à la révélation pour le jeune souverain s'écriant après l'entretien : « Jamais dans l'histoire du monde, n'avait existé un tel génie, non seulement sculpteur, peintre, architecte, mais aussi philosophe et des plus sages. »

Certes, François Ier n'est pas le premier souverain à débaucher des talents italiens ; Charles VIII et Louis XII avaient agi de même en engageant des peintres, des architectes, des sculpteurs, des orfèvres et des jardiniers, parmi lesquels Fra Giocondo, Pacello, Damasso, Di Cappo, Nigro, Cellini, comme il le fera plus tard avec Le Primatice. Mais là, le jeune souverain ferre une proie de taille, un homme, pense-t-il, qui va illustrer son règne pour l'éternité. Quant à Léonard, son choix est vite fait : d'un côté une Italie où l'on n'apprécie plus guère son génie, où Michel-Ange et Raphaël arrachent les principales commandes, où le pape se méfie de lui ; d'un autre, la France, l'aventure et l'amitié spontanée et enthousiaste d'un jeune souverain.

Le jeune roi veut le génie à sa cour. Et aussitôt Léonard quitte la Lombardie pour la Touraine, malgré les fatigues qu'occasionne un si long voyage de trois mois à l'époque.

À la tête d'une petite troupe comprenant Salaï, Melzi et son serviteur Battista de Villanis, tous chargés de lourdes et nombreuses malles – car il ne laisse rien derrière lui – le voici qui franchit les Alpes à dos de mulet, lorsque les cols sont praticables, c'est-à-dire probablement au printemps 1516. Selon la tradition, c'est en entendant gronder les eaux des torrents rendues furieuses par la fonte des neiges, qu'il pressent que la fin du monde viendra de la montée des eaux, pensée qu'il note, au refuge, sur le *Codex Atlanticus* dont il entreprend la rédaction. Mais les Alpes s'éloignent et Léonard, Grenoble traversé, suit la route de Lyon, découvrant au fur et à mesure de sa progression la beauté du royaume de France, comme le fera plus tard Charles Quint s'écriant : « Si j'étais Dieu et que j'avais deux fils, je donnerais à l'aîné le ciel et au cadet la France. » Le voici à présent qui remonte le cours du Cher et enfin arrive à Amboise où le roi l'attend et lui prodigue le meilleur accueil avant de l'installer à « l'hostel du Cloux », c'est-à-dire au Clos Lucé.

La demeure en ce commencement du XVIᵉ siècle est un peu plus petite que de nos jours, mais le parc, dessiné dit-on par Dom Pacello, est plus grand. Léonard prend plaisir à l'arpenter, à y planter des arbres, tandis que Melzi en dessine la perspective jusqu'au château du roi. Tous deux jouissent, chaque matin, de cette vue superbe dont Jean de La Fontaine fera un jour écho en louant « cette étendue immense, la plus agréable du monde », à l'heure où le fleuve se pare de reflets d'or et où la douceur du ciel lui rappelle sa Toscane natale. Sa petite cour s'organise avec l'arrivée d'une servante, Mathurine, engagée pour faire la cuisine et le ménage, le départ de Salaï pour l'Italie, peut-

Déluge (détail).
Bibliothèque royale
à Windsor.

35

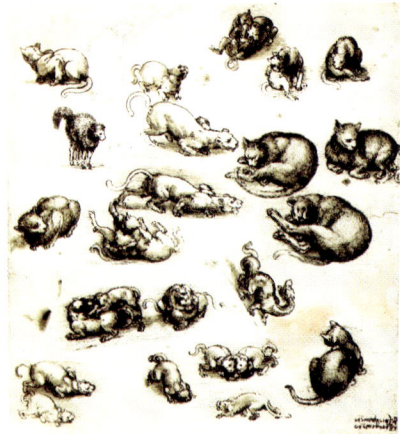

Études et attitudes de chats.
Bibliothèque royale
à Windsor.

être après avoir arraché à son maître assez d'argent pour s'installer définitivement à son compte, et l'adoption de plusieurs chats, ses animaux de prédilection qu'il aime tant observer et dessiner dans leurs différentes attitudes. Et pour la première fois de sa vie, peut-être, Léonard de Vinci, sentant qu'enfin quelqu'un le comprend et l'estime à sa juste valeur, trouve son équilibre sur les rives de cette Loire baignée de douce lumière, souhaitant peut-être, comme Montaigne, « aucune fin que domestique et privée ».

Oui, au Clos Lucé, Léonard revit, entouré du prestige que lui confère l'affection de ce roi qui l'appelle « mon père » et le considère bientôt comme une sorte de ministre sans portefeuille, appointé sept cents écus par an. Les courtisans vénèrent ce vieillard, toujours élégant avec ses pourpoints roses, qu'ils consultent comme un oracle et, selon Michelet, dont ils imitent la tenue et le port, de même que les nombreux Italiens de la cour heureux de rencontrer un tel compatriote, en particulier son voisin Dom Pacello, installé lui aussi à Amboise, dans un autre manoir, le Château-Gaillard. Un autoportrait de ces années françaises, conservé à la bibliothèque de Turin, représente Léonard, avec ses longs cheveux et sa longue barbe, les traits toujours réguliers et l'œil étincelant, un beau vieillard comparable à ces hommes dont les sculpteurs font l'allégorie des fleuves, des Neptune ou des Homère, un sage aussi, toujours en éveil intellectuel mais apaisé et serein, ainsi qu'il l'écrit lui-même : « Fuis des orages », une sorte de Merlin l'enchanteur en quelque sorte, constituant l'attraction de la cour. L'architecte du roi Geoffroy Tory en témoigne, qui écrit cette même année : « Léonard de Vinci n'est pas seulement un excellent peintre, mais un véritable Archimède et un grand philosophe. »

Sitôt remis des fatigues de son voyage, le vieux maître se remet au travail, à la demande de François Ier qui le presse d'organiser ces grandes fêtes dont il a le secret, comme il l'avait fait pour Ludovic le More, trente ans plus tôt. C'est donc lui qui, en septembre 1517, prépare un divertissement princier donné par Marguerite d'Alençon à Argentan dans lequel le public admire un cœur automate d'où sort un couple enlacé et, en février 1518, les cérémonies destinées d'abord à célébrer la naissance du dauphin de France, ensuite le mariage de Laurent de Médicis, neveu du pape Léon X, avec Marie-Madeleine de La Tour d'Auvergne, mariage d'où naîtra, quelque temps plus tard, une future reine de France, Catherine de Médicis. Pendant plusieurs jours, se succèdent bals, banquets et spectacles avec la participation de combats d'animaux sauvages et de tournois, l'ensemble arrachant à un chroniqueur cette exclamation : « Ces festes furent les plus belles qui furent oncques faites en France et en chrestienté », admirant particulièrement le fameux lion mécanique imaginé par Vinci, ses feux d'artifice et ses décors exubérants. Enfin, au mois de juin suivant, c'est lui qui organise à son tour une fête au Clos Lucé, en l'honneur du roi et de la cour où, pour l'occasion, il a tendu une coupole de toile peinte en bleu, parsemée d'étoiles, de planètes et de signes du zodiaque sous laquelle une représentation théâtrale, illuminée par quatre cents bougies, exalte le symbolisme du ciel.

Au Clos Lucé encore, Léonard se livre à de nombreuses études sur l'hydrographie de la région, imagine une liaison de toutes les demeures royales par voies d'eau, l'aménage-

Autoportrait, vers 1512,
sanguine 33,3 x 21,3 cm.
Bibliothèque Reale, Turin.

Château de Chambord.

ment du cours de la Loire et l'assèchement progressif des marais de Sologne avec creusement de canaux et construction de moulins. Il conçoit également l'idée de réunir par un canal la Touraine et le Lyonnais, ce qui sera réalisé bien après sa mort par le canal latéral à la Loire et le canal du Centre, et met au point les premières écluses à sas installées en France. Mais il imagine encore un nouveau château pour le roi, plus beau que tout ce qu'on a vu jusqu'ici, un rêve de pierre blanche qui, un jour prochain, s'appellera Chambord.

Avec François Ier, on le voit encore en compagnie des architectes Boccador et Da Cortona, à Romorantin, dont François Ier songe à faire sa capitale puisque la petite cité se trouve au centre du royaume. À Romorantin, Léonard développe son idée de cité idéale, projet véritablement révolutionnaire consistant en un château scintillant émergeant de l'eau, sans cesse renouvelée par un astucieux système de moulins, dans laquelle il se reflète, un château-île avec sa salle de bal au rez-de-chaussée et ses gradins permettant aux invités de descendre jusqu'aux eaux. Il y réfléchit sur une sorte de téléphonie pour communiquer entre les pièces, sur une grande porte mécanique qui s'ouvre toute seule, sur des écuries aux proportions parfaites ainsi que, tout autour, sur le principe de maisons préfabriquées reliées par des voies piétonnières. Malgré l'ouverture d'un chantier où les ouvriers seront décimés par la maladie, le château de Romorantin ne sera jamais construit et restera, à mi-chemin de l'ébauche et de l'hallucination, la plus singulière des utopies du vieux maître

Urbanisme : ville idéale.
Bibliothèque de l'Institut de France.

39

dont l'insondable charme réside dans l'inexprimable rêve évanoui. Mais par certains aspects, ce projet annonce avec plus d'un siècle d'avance le Versailles de Louis XIV, un Versailles du reste beaucoup plus sain et plus propre puisque Vinci, maniaque de propreté et toujours précis dans ses calculs, est passionné par les questions relatives à l'hygiène, à l'écoulement des égouts et à la lutte contre les incendies, fréquents à l'époque.

Ses papiers s'emplissent donc de dessins représentant des fontaines, des écluses et toujours des instruments nouveaux, des concepts techniques révolutionnaires, des inventions prospectives. Oui, l'activité de Léonard est inlassable malgré le rhumatisme dont il souffre à la main droite et malgré sa mauvaise vue l'obligeant à user désormais de bésicles, ce qui ne l'empêche pas de s'accuser devant Dieu de ne pas faire assez pour la Connaissance ! Continue-t-il à peindre au Clos Lucé ? Le problème est régulièrement abordé par ses nombreux biographes. On sait qu'il continue à donner des leçons à son élève Mezli, lequel décore à cette époque les murs de la chapelle du manoir, et peut-être achève-t-il les trois tableaux qu'il a ramenés d'Italie, sinon la *Joconde*, tout au moins le *Saint Jean-Baptiste*, ainsi que le suggèrent les plus récentes études d'historiens d'art, se fiant aux traces de pigmentations très tardives sur le tableau.

Quoi qu'il en soit, le vieux maître ne se résigne pas au repos et continue de « modeler en cire des animaux très minces, emplis de vent ; il souffle dedans et les fait voler dans l'air », raconte Vasari, et, plus sérieusement, s'adonne à ce qu'il appelle « les jeux géométriques ». Toujours persuadé qu'une machine volante est techniquement possible,

Saint Jean-Baptiste, vers
1513-1516, huile sur bois.
Musée du Louvre à Paris.

41

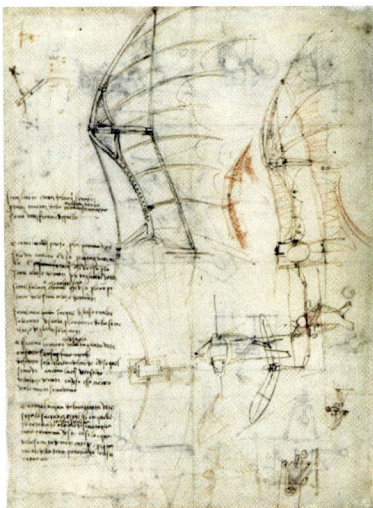

Étude sur le vol -
Codex Atlanticus.

Machine pour voler -
Codex Atlanticus.

il continue à étudier le vol des oiseaux, échafaude des constructions de plus en plus abstraites, met au point sa théorie de la chute des corps (un siècle avant Galilée !) et surtout, continue de noircir des pages et des pages de manuscrits, avec une boulimie confinant au vertige, en particulier ce *Codex Atlanticus* en grande partie écrit au Clos Lucé. Sent-il que le temps lui est désormais compté et ressasse-t-il les échecs de sa vie ? C'est probable. « Je continuerai », écrit-il, jusqu'au dernier souffle.

Au Clos Lucé, Léonard reçoit de nombreux visiteurs, parmi lesquels – avancent certains auteurs – Clément Marot et peut-être Rabelais. Une, en tout cas, a été plus particulièrement relatée, celle du cardinal Louis d'Aragon, petit-fils du roi Ferdinand Ier de Naples, le 10 octobre 1517, venu bavarder avec lui et surtout admirer ses dessins et, en particulier, ses manuscrits. « Messire Léonard, écrit le secrétaire du prélat, Dom Antonio de Béatis, a composé un traité d'anatomie appliqué à l'usage de la peinture où, d'une façon absolument nouvelle, il a étudié sur le corps toutes les relations réciproques des membres tels que muscles, nerfs, veines, jointures, intestins et le reste. Il nous a montré ce traité et nous a dit qu'il avait disséqué plus de trente corps d'hommes et de femmes de tout âge. Il a écrit également une quantité de volumes sur la nature des eaux, sur diverses machines et sur d'autres sujets qu'il nous a indiqués, tous ces livres seront une source d'agrément et de profit lorsqu'ils viendront au jour ». Enfin, dans « le saint des saints », c'est-à-dire la chambre du maître, le cardinal contemple avec émotion trois tableaux : « une certaine dame florentine » (la *Joconde*, bien sûr), le *Saint Jean Baptiste* et *La Vierge aux rochers* dont le maître n'a jamais voulu se séparer et qui sont accrochés sur les murs blanchis à la chaux. Déjà la *Joconde* et son énig-matique sourire fascinent. Est-ce parce qu'on croit y voir un homme travesti ou bien le portrait de sa mère ? Ou seule-ment le sourire de sa mère ? Depuis cinq siècles, historiens d'art et psychanalystes se perdent en conjectures sur la signi-fication possible de l'œuvre.

Mais de toutes les visites qu'il reçoit, celles du roi lui-même le grisent particulièrement. François Ier vient en effet à plusieurs reprises s'entretenir avec « son premier peintre, ingénieur et architecte » ainsi que le raconte Cellini, car « il prend grand plaisir à entendre converser » cet homme mystérieux qui lui explique qu'un jour, les hommes vole-ront dans les cieux ou voyageront sous les eaux, quand il ne l'exhorte pas à méditer sur certaines sentences de son invention : « C'est lorsque tu seras seul que tu te trouveras toi-même », « Celui qui a l'œil fixé sur une étoile ne se retourne pas » ou encore « Une journée bien dépensée donne une joie au sommeil, ainsi une vie bien remplie donne joie à la mort ». Dialoguent-ils en français ou en italien ? On l'ignore, mais d'une certaine manière, c'est bien une relation de maître à élève qui s'instaure entre eux, avec toute l'affection paternelle dont à besoin ce sou-verain qui n'a jamais connu son père, mort alors qu'il n'avait que dix-huit mois. « Alexandre et Aristote, dit un jour Léonard à François, furent les professeurs l'un de l'autre. Alexandre possédait la puissance qui lui permit de conquérir le monde. Aristote possédait une grande science qui lui permit d'embrasser toute la science acquise par les autres philosophes ». Le roi, quelquefois, ne vient pas seul, mais accompagné de sa sœur Marguerite, dont l'huma-nisme en fait une interlocutrice particulièrement brillante,

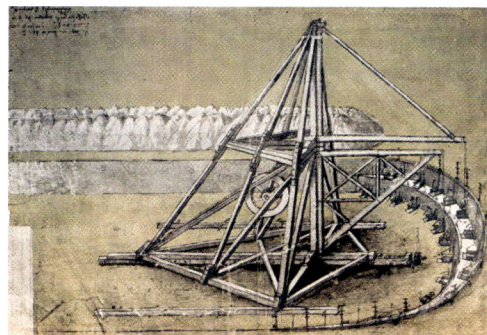

Pompe, grue tournante, craie plume, encre sur papier. *Codex Atlanticus.* Bibliothèque Ambrosiana à Milan.

La Vierge au Rocher (1482-1486), huile sur panneaux de bois. Musée du Louvre à Paris.

elle qui a choisi pour devise « Non inferiora secutus » (Je ne suivrai rien d'inférieur) et qui se fait à présent expliquer par le maître les mystères de l'univers. Mais la subtile princesse s'aperçoit bien vite que le vieux maître s'affaiblit chaque jour davantage et que leurs interminables conversations ressemblent bien à un chant du cygne.

Le 23 avril 1519 en effet, veille de pâques, Léonard « considérant la certitude de la mort et l'incertitude de son heure », selon la belle expression qu'il utilise lui-même, dicte son testament au notaire Guillaume Boreau, en insistant particulièrement sur le détail de ses obsèques : son corps sera porté par les chapelains de l'église Saint-Florentin, accompagnés de soixante pauvres portant soixante torches. Il précise de même le nombre de messes et le prix des aumônes, pour ne rien laisser au hasard, lui qui se désespère non pas de mourir bientôt, mais de cesser de chercher à percer le mystère du monde. Pour le reste, il lègue à ses demi-frères son argent déposé à Florence (quatre cents ducats), à Francesco Melzi ses meubles, ses vêtements, ses livres et ses dessins, à Battista de Villanis son droit sur l'eau du canal San Christoforo, offert par Louis XII et la moitié de sa vigne, offerte par Ludovic le More, à Salaï sa maison de Florence, à sa servante Mathurine son manteau de drap doublé de fourrure et deux ducats, au roi enfin, ses trois tableaux parmi lesquels la *Joconde*. Ainsi est-ce bien grâce au Clos Lucé que la France peut s'enorgueillir de posséder ces chefs-d'œuvre absolus qui sont aujourd'hui la fierté du Louvre.

Le 2 mai 1519, en s'éteignant au Clos Lucé, Léonard, persuadé que « nul être ne va au néant », rejoint celui qu'il appelle « l'Opérateur de tant de choses merveilleuses ».

Étude d'homme âgé, sous les traits probables de Léonard de Vinci, vers 1513. Bibliothèque royale à Windsor.

Expire-t-il dans les bras de François Ier, comme le montre-
ront les tableaux apocryphes de Gigoux, d'Ingres et de
Menageot ? Non, mais entouré de ses serviteurs. La dou-
leur du jeune roi est cependant réelle puisque, apprenant
la nouvelle, quelques jours plus tard, à Saint-Germain-en-

François Ier reçoit les derniers
soupirs de Léonard de Vinci,
D'après la peinture d'Ingres.
Musée du Petit Palais
à Paris.

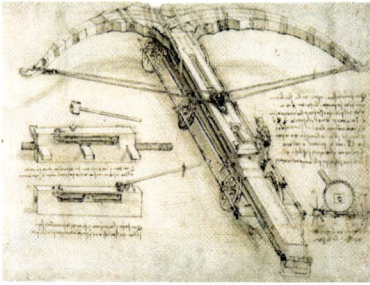

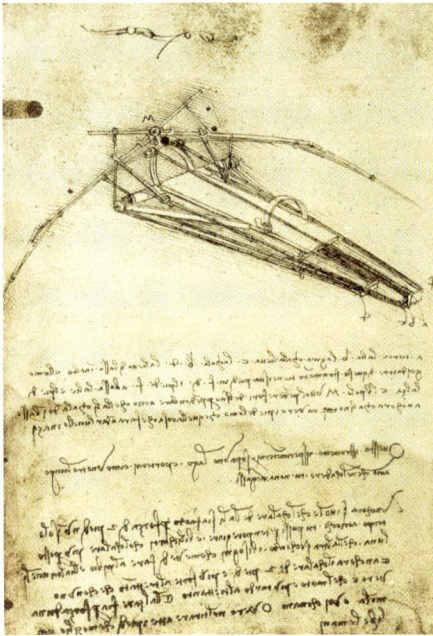

La grande arbalète, folio 53, verso-a-b, vers 1499. *Codex Atlanticus.*

Machine pour voler. *Codex Atlanticus.*

Laye où il célébrait le baptême de son second fils Henri (le futur roi Henri II), il pleura, tout comme Melzi s'écriant : « Pour chacun de nous, la mort de cet homme est un deuil car il est impossible que la vie en produise un semblable. »

Le 12 août suivant, Léonard de Vinci est enterré dans la collégiale Saint-Florentin où ses restes allaient reposer pour l'éternité. Pour l'éternité ? Non, car quatre siècles plus tard, l'ancien conventionnel Roger-Ducos, à qui Napoléon Ier avait offert le domaine d'Amboise, ne trouve rien de mieux pour le rentabiliser que de… détruire non seulement une partie du château (en particulier le logis des Sept Vertus) mais encore sa collégiale ! Que devinrent les cendres du génie du roi ? On l'ignore. Pour certains, elles furent jetées à la voirie où des enfants s'amusèrent avec son crâne et ses os ; pour d'autres, elles furent réinhumées dans la chapelle Saint-Hubert du château royal après avoir été retrouvées en 1863 par Arsène Houssaye qui, à la demande du comte de Paris, avait mené sur place une fouille sérieuse. Cela, au fond, n'a plus d'importance car à un génie aussi exceptionnel, il ne pouvait y avoir qu'une fin aussi exceptionnelle. Et seule aujourd'hui, la statue de Vinci par Vauriel, érigée en 1869, montre l'emplacement du chœur de l'église, c'est-à-dire de sa sépulture.

Ainsi, malgré le peu d'informations qu'en définitive on possède sur sa vie, Léonard de Vinci reste-t-il un des êtres les plus célèbres du monde, un être qui, à force d'anticiper, reste un avant-gardiste à notre époque, malgré les cinq siècles qui nous séparent de lui. Formidable intuitif à l'intelligence fulgurante, détenteur en son temps de toute la connaissance de l'époque, visionnaire du monde futur, Léonard de Vinci, génie universel et intemporel, qui a tant fasciné Stendhal, Freud, Barrès, Valéry et tant d'autres, a choisi de finir sa vie en France, ce qui reste à l'honneur, non seulement de François Ier mais encore de notre Nation. Certes, la plupart de ses manuscrits sont répartis entre la Grande-Bretagne (en particulier les collections royales), l'Italie et quelques particuliers, comme Bill Gates, inventeur de la « puce » et considéré comme l'un des hommes les plus riches du monde, dont les premiers milliards de gain ont été par lui consacrés à s'offrir... *le codex Atlanticus*, le plus énigmatique de tous les manuscrits du maître ! Mais la *Joconde* est à Paris, elle qui continue à sourire, chaque jour, devant les milliers de touristes hypnotisés par son regard. Car Léonard de Vinci – dont une récente université porte le nom dans les Hauts de Seine – continue de fasciner le monde par ses fulgurances intellectuelles de gaucher écrivant de droite à gauche, d'homme qui ne borna la connaissance d'aucune limite et qui, unique en son genre, a su combiner l'art, la science et l'occultisme, passant sans encombre du plus sérieux au plus frivole, du plus profond au plus léger et du passé au futur.

Mais qu'importe le fait qu'on ne sache plus où repose son corps. L'important est de savoir où se trouve son âme ; et celle-ci est au Clos Lucé.

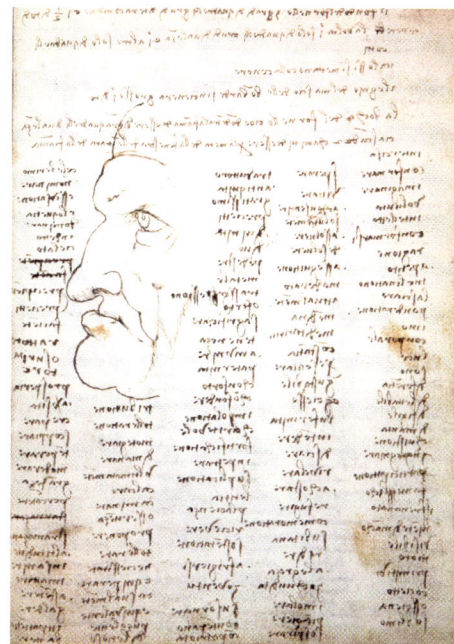

Codex Trivulziano.
Bibliothèque Trivulziano
à Milan.

47

Les souvenirs de Léonard de Vinci 4

Après la mort de Léonard de Vinci, Amboise s'est doucement endormie comme si, avec le départ du vieux maître, le château et la cité avaient perdu une part de leur âme. François Ier, le vainqueur de Marignan, le prince rayonnant de la Renaissance, allait peu à peu devenir le vaincu de Pavie et le reclus de Madrid, perdant au fil des années sa chance et son enthousiasme et s'en allant vers d'autres rivages, Blois, Chambord, Fontainebleau, assumer son destin qu'il achèvera à Rambouillet le 31 mars 1547.

Plus grave, aux fêtes brillantes de jadis succèdent plusieurs drames, parmi lesquels celui de l'affaire des placards protestants affichés sur la porte du roi en octobre 1534, manifestation qui ouvre les guerres de religion et celui de la conjuration de février 1560, dirigée par le prince de Condé et La Renaudie, avec la terrible répression qui suit. Amboise respire le sang, tandis que Paris ayant, à l'époque classique, récupéré ses rois, le château, un temps propriété de Gaston d'Orléans, est alors transformé en prison sous Richelieu, avec son cortège de détenus, César de Vendôme, le cardinal de Bourbon, Fouquet, Lauzun, sous le regard indifférent de l'aristocratique cité, nostalgique de sa grandeur passée et qui reçoit tour à tour en ses vieux hôtels les écrivains Ménage et Scarron.

Chambre de Léonard
au Clos Lucé.

49

ETIENNE FRANÇOIS DUC DE CHOISEUL.
Pair de France, Chevalier des Ordres du Roi et de la Toison d'Or,
Colonel Général des Postes et Grisons, Lieutenant-Général des Armées
de S. M. Gouverneur et Lieutent Général de la Touraine &c. &c. &c.
Ministre et Secretaire d'État de la Guerre et des Affaires etrangeres, Grand
Maître et Surintendant des Postes &c. &c. &c.

Amboise ne se réveille, brièvement, qu'en 1700 lorsque le duc d'Anjou, petit-fils de Louis XIV, y fait étape sur le chemin de son trône d'Espagne, puis lorsque le ministre Choiseul en acquiert en 1764 la baronnie, que ses enfants vendent à la fin du XVIIIᵉ siècle, au duc de Penthièvre. Le château, lui, doit attendre la Monarchie de juillet pour retrouver un rayon de soleil dans ce ciel de ténèbres : les séjours estivaux de Louis-Philippe et sa nombreuse famille et, avec eux, la passion des romantiques pour ce lieu dont témoignent les innombrables illustrations des voyageurs du Grand Tour. Une péripétie enfin, l'installation en 1848 de la smala d'Abd el-Kader au château jusqu'à l'élargissement du chef shériféen sous Napoléon III. Restauré, le château d'Amboise est aujourd'hui entretenu avec soin par la Fondation Saint-Louis, présidée par le comte de Paris, toujours propriétaire des lieux.

Après la mort de Léonard encore, le Clos Lucé aussi s'endormit pendant cinq longs siècles. Propriété de Philibert Babou de la Bourdaisière, dont la femme fut une des nombreuses maîtresses de François Iᵉʳ, le manoir passe ensuite aux mains de Michel du Gast, capitaine de la garde du roi Henri III et comme tel, mêlé à l'assassinat à Blois du duc de Guise. Gouverneur du château d'Amboise, celui-ci ne profite guère de sa situation puisqu'il est, à son tour, assassiné au Clos Lucé dans des circonstances demeurées encore mystérieuses. Le manoir entre alors dans le patrimoine de la famille d'Amboise dont un des membres, maréchal de camp des armées du roi, y reçoit le 3 novembre 1637 « la Grande Mademoiselle », fille de Gaston d'Orléans et cousine de Louis XIV. La famille d'Amboise réorganise, quelques décennies plus tard, la

Duc de Choiseul.

demeure dans le style classique et, ayant hautement protesté de son civisme sous la Révolution, évite le saccage du manoir, en présentant pour défendre leur demeure « La déclaration des droits de l'homme et du citoyen ».

Sous la Restauration, le Clos Lucé est la propriété d'André Thodore de Saint Bris, fils d'un conseiller général, décoré de la Légion d'honneur par Louis XVIII. Ce dernier, licencié es lettres, major de l'École des Chartes, marié à Augustine Claire de Corbie a pour fils Auguste Georges, comte de Saint Bris, né à Amboise le 20 août 1811. Après avoir été un temps attaché à la Cour des comptes, ce dernier renonce à cette carrière pour se consacrer à la musique, au Clos Lucé où il s'était installé après sont mariage célébré à Paris avec Marie Marthe de Maupas, nièce du célèbre préfet de police de la Seconde République, qui allait devenir ministre de Napoléon III et l'un des acteurs essentiel du coup d'État du 2 décembre 1851.

Georges Saint Bris, lui-même compositeur, est ce grand mélomane – qui avait vingt-cinq ans quand Meyerbeer a mis en scène dans son célèbre opéra *Les Huguenots* une Valentine Saint Bris. Il a plaisir à recevoir fréquemment chez lui à Amboise son ami Frédéric Chopin qui est né un an avant lui, faisant étape ici sur la route de Nohant où il allait rejoindre George Sand. Au Clos Lucé, Chopin joue du Saint Bris et Saint Bris joue du Chopin. Il n'y en a qu'un qui est resté célèbre...

À cette époque du grand XIXᵉ, non seulement le Clos Lucé recommence à vivre, mais encore le souvenir de Léonard avec lui, ce Léonard sorti de la nuit des temps et remis en honneur par la génération romantique. Le poète

Frédéric Chopin, collection Institut Frédéric Chopin à Varsovie.

George Sand par Nadar.

Georges Saint Bris, enfant.

Charles Baudelaire n'en témoigne-t-il pas qui lui consacre une strophe dans son poème *Les Phares* :

> «*Léonard de Vinci, miroir profond et sombre,*
> *Où les anges charmants, avec un doux souris*
> *Tout chargé de mystère, apparaissent à l'ombre*
> *Des glaciers et des pins qui ferment leur pays.*»

De la Belle Époque aux années 50, le Clos Lucé est habité par le comte et la comtesse Saint Bris, cette dernière auteur de plusieurs ouvrages de dévotion. Leur fille Madeleine, le 9 juillet 1952, y reçoit Mgr Roncalli, nonce apostolique à Paris – le futur pape Jean XXIII – venu assister aux cérémonies rendant hommage à son célèbre compatriote, à l'initiative de l'Institut Léonard-de-Vinci, fondé deux ans plus tôt sous la présidence de René Coty. La demeure passe ensuite à son neveu, le comte Hubert Saint Bris, diplomate, lequel, avec son épouse, née Agnès Mame, issue de la famille des célèbres éditeurs tourangeaux, ouvre le manoir au public en 1954. Et, de leurs efforts mutuels, naquit un lieu unique par lequel chacun peut véritablement rencontrer Léonard de Vinci, entrer dans son intimité et l'imaginer dans ses œuvres, depuis que peu à peu ses salles ont repris l'emplacement et l'aspect qu'elles offraient à l'origine, rendant ainsi compréhensible l'ambiance dans laquelle l'universel génie a achevé ses jours.

Entrons à présent dans la demeure. La billetterie franchie, la visite commence par la tour de guet, dernier élément de l'architecture médiévale du Clos Lucé, rappelant que le manoir primitif était fortifié, et se poursuit par la délicieuse galerie couverte, édifiée sous la Renaissance, à l'emplacement du chemin de ronde. De là, Léonard de Vinci contemplait le parc et, par-delà, la Loire, mais aussi la façade du Clos Lucé, telle que vous l'apercevez aujourd'hui, avec son appareil de briques roses et de pierres de tuffeau, la statue de saint Sébastien, patron des archers, les armes de France supportées par des anges et surmontées d'un heaume, celles de Savoie et d'Angoulême, et enfin, dans les niches pratiquées au-dessus de la lanterne, les effigies de Charles VIII et d'Anne de Bretagne.

Voici, à présent, la chambre de Léonard de Vinci dans laquelle il vécut les trois dernières années de son existence, où il rédigea son testament le 23 avril 1519 et y mourut le 2 mai suivant. Rien n'a changé depuis l'époque, ni la cheminée monumentale décorée des armes de France et du

Jardin Renaissance
du Clos Lucé.

Le parc pédagogique
Leonardo da Vinci

Chapelle et fresque
représentant l'*Annonciation*
au Clos Lucé.

collier de saint Jacques, ni le lit Renaissance sculpté de chimères, d'angelots et d'animaux marins, ni les deux cabinets Renaissance dont l'un est incrusté d'ivoire et d'ébène, ni la tapisserie d'Aubusson évoquant une scène de la vie d'Esther, ni la banquette de bois ornée d'une salamandre, ni le coffre à bijoux en cuir, le diptyque d'émail représentant une crucifixion, le pichet d'étain et l'aiguière en grès de Westerwald. Deux objets de surcroît évoquent deux hautes figures féminines, le portrait de Marguerite d'Angoulême, sœur de François Ier et ancienne maîtresse des lieux et un christ incrusté de nacre et d'ivoire qui passe pour avoir appartenu à Marie Stuart, éphémère épouse de François II, puis reine d'Écosse, dont la vie s'acheva tragiquement sous la hache du bourreau dans les souterrains de la tour de Londres.

Ingénieur, architecte, peintre, mathématicien, Léonard travaillait au Clos Lucé dans la salle suivante, ornée elle aussi d'une cheminée monumentale et de larges solives et dans laquelle plusieurs objets évoquent l'ambiance des demeures aristocratiques de la Renaissance : un portrait de Maximilien d'Autriche, des plats en faïence de Bernard Palissy, différents grès allemands, des pièces de verreries françaises et italiennes, une tapisserie représentant un moulin à eau, des meubles italiens marquetés d'ivoire et d'ébène, ensemble complété par un portrait de Mademoiselle Le Meau par Mathieu Le Nain et d'une page originale tirée des carnets d'études de Paul Valéry sur Léonard de Vinci.

Édifiée par Charles VIII, la chapelle où la reine Anne de Bretagne fit tant de dévotions, est demeurée intacte après quatre siècles. Le visiteur y découvre les fresques italiennes, peut-être peintes par Francesco de Melzi, dernier élève et compagnon de Léonard de Vinci, fresques représentant l'Annonciation, la fin du monde et la Vierge de Lumière. Sur la clé de voûte, les trois lys des armes de France entourées du collier de l'Ordre de saint Michel, fondé par Louis XI, rappellent l'affectation royale de la demeure, tandis qu'une *Pietà* du XVIe siècle, une Annonciation de bois du XVe siècle, un albâtre irlandais du XIVe, une précieuse enluminure de Jean Fouquet, une tête de moine en bois de la Renaissance et une reproduction en argent de la Vierge de Donatello témoignent du goût esthétique de ses propriétaires successifs.

Comme tous les châteaux de France, le Clos Lucé a subi dans certaines parties des modifications successives. Tel est le cas des salons, rénovés au XVIIIe siècle par la famille d'Amboise, pièces baignées d'une douce lumière dans lesquelles on peut admirer un bel ensemble de meubles provenant du château de Chanteloup où, le duc de Choiseul, principal ministre de Louis XV, traitait magnifiquement ses amis lorsque les rigueurs de la politique le contraignaient ici à un exil doré. À remarquer en particulier les lustres de Venise, les tapisseries d'Aubusson évoquant l'histoire de Renaud et Armide, ainsi que la prise de Jérusalem par les Turcs, le bureau plat en acajou de Saint-Domingue, la table à gibier à décor de feuillages, les sièges Louis XV recouverts de tapisseries illustrant les fables de La Fontaine ainsi que les porcelaines de Chine. Dans le petit salon, on notera une commode ayant appartenu au ministre de Louis XVI, Loménie de Brienne, une fontaine de faïence représentant Bacchus assis sur son tonneau, deux automates du siècle des Lumières – le premier mimant la boisson, le second le jeu – et une tapisserie d'Aubusson représentant, elle, des scènes galantes et des chinoiseries.

Salon du XVIIIe
au Clos Lucé.

55

Tout de suite après, vient la grande salle où Léonard recevait ses visiteurs, en particulier François Ier et Marguerite d'Angoulême, dans son décor des XVe et XVIe siècles avec sa cheminée où le roi avait jadis fait pendre l'écu des Vinci, les deux hallebardes et le tinel (hache servant à trancher d'un coup les ennemis), les sièges Renaissance espagnole recouverts de cuir de Cordoue, les coffres en bois sculpté et les pots en faïence avec couvercle d'étain. On peut y remarquer encore une statue de saint Jean en bois polychrome, une tapisserie des Flandres du XVIIIe siècle racontant la chasse de Diane, et l'acte de vente par lequel le roi Charles VIII devint propriétaire du Clos Lucé.

À sa suite, la cuisine, domaine de Mathurine, la servante de Léonard, lequel, selon la tradition, venait parfois la rejoindre pour chauffer ses mains les soirs d'hiver, alors qu'à la poutre maîtresse deux anneaux, toujours existants, supportaient les pièces de gibier offertes par François Ier, pièces que dévorait sans doute la maisonnée, mais point Vinci qui, lui, était végétarien. À noter la cheminée, la

Grande salle Renaissance
et cuisine au Clos Lucé.

table, les banquettes, la « caquetoire » (chaise pour converser) et la huche à pain du XVIᵉ siècle, mais aussi au mur trois plats hispano-mauresques, trois plats de dinanderie de la Renaissance, dits « plats d'offrande », une tapisserie de Tournai représentant un épisode de *La Chanson de Roland* et une tapisserie de la manufacture d'Amboise représentant une scène à l'antique.

En descendant, grâce aux efforts conjoints des propriétaires du Clos Lucé et d'IBM, le visiteur peut admirer quarante maquettes grandeur nature des rêves scientifiques de Léonard, maquettes conçues avec quatre siècles d'avance et réalisées à partir de quatre-vingt-cinq dessins originaux, chacune présentant tel ou tel aspect de son prodigieux génie, hydraulique, optique, balistique ou aéronautique, pour ne parler que des principaux, tel l'ancêtre du char d'assaut, le fil à plomb, la brouette à compteur, la mitrailleuse, le planeur et l'hélicoptère (ce ne sont que quelques exemples), chacun présenté avec les commentaires scientifiques adéquats. À cet endroit, le visiteur remarquera aussi l'entrée du souterrain secret par lequel la demeure communiquait jadis avec le château royal.

La visite intérieure achevée, l'itinéraire continue par le jardin Renaissance avec sa terrasse à l'italienne et se poursuit par le parc et son étang. Le visiteur y découvrira une boutique culturelle dotée de toutes les publications actuelles sur Léonard de Vinci, une crêperie-salon de thé et une épicerie toscane avec les meilleurs produits italiens. Dans une grange du XVᵉ siècle, un film continu retrace les grandes étapes de la vie du génie du roi. Mais là où le Clos Lucé vous fait véritablement entrer dans le XXIᵉ siècle, c'est avec son vaste parc culturel qui met en scène l'art et

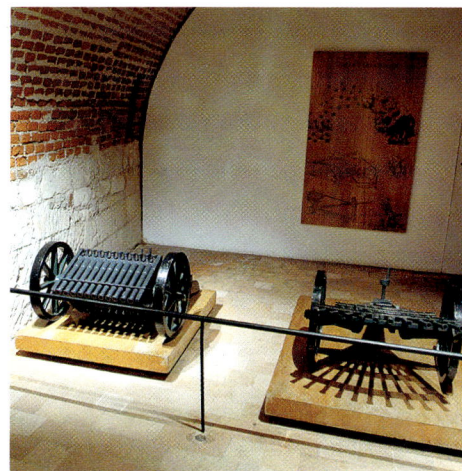

Salle des machines
au Clos Lucé.

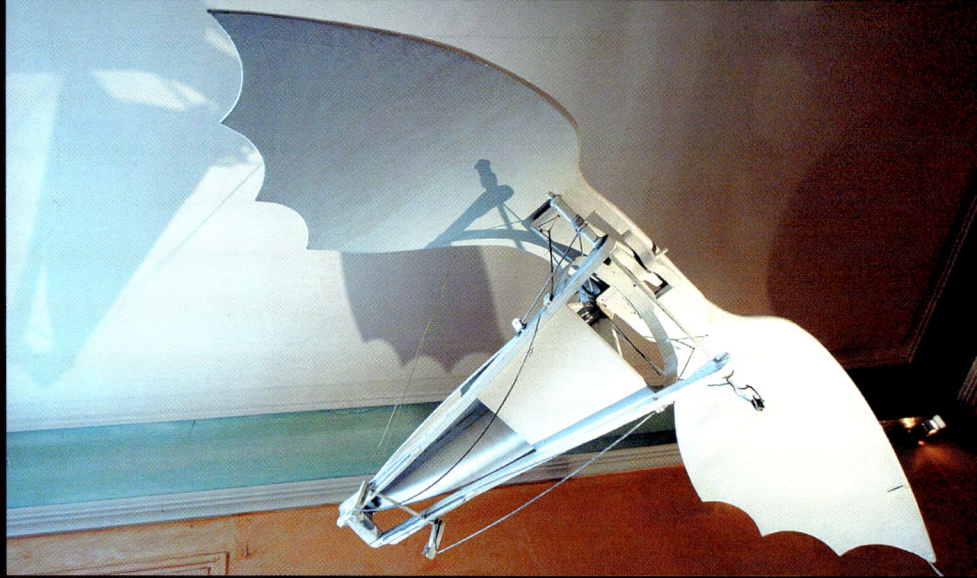

Réalisations d'inventions
de Léonard de Vinci :

machine volante,

mouvement perpétuel,

canon à cannes tournantes,

excavatrice,

compteur kilométrique,

machine d'assaut.

les visions de Leonardo da Vinci. Le contenu pédagogique et scientifique du parc, parrainé par Jean Delumeau, professeur au Collège de France, a été imaginé par Jean Saint Bris. Il est ouvert toute l'année et comporte une halle scénographique où sont données des réceptions : la halle Eiffel.

Ainsi le Clos Lucé, par son charme, son authenticité, et ses souvenirs, mais aussi sa pédagogie du futur, entre-t-il dans cette classification particulière – et pourtant si rare ! – des « maisons des génies », où le visiteur foule le même sol, respire le même air et contemple le même paysage que ces grands ancêtres qui l'y ont précédé, comme il peut le faire par exemple chez d'Annunzio, à la Capponcina de Vittoriale, chez Bach à Eisenach, chez Buffon à Montbard, chez Cervantès à Valladolid, chez Chateaubriand à la Vallée aux Loups, chez Goethe à Francfort, chez Le Greco à Tolède, chez Victor Hugo à Guernesey, chez Lamartine à Saint-Point, chez La Varende au Chamblac, chez Liszt à Weimar, chez Montesquieu à La Brède, chez George Sand à Nohant, chez Walter Scott à Abbostorf, chez Germaine de Staël à Coppet, chez Tolstoï à Iasnaïa Poliana, chez Voltaire à Ferney, chez Verdi à Sant Agata ou chez Wagner à Bayreuth.

Mais le Clos Lucé offre cependant quelque chose de plus que son authenticité et son atmosphère, puisque coexistent dans la demeure non seulement un passé riche en événements et en souvenirs historiques, mais encore un futur matérialisé par le Centre technologique Léonard-de-Vinci, ensemble faisant à Amboise la maison de l'avenir, une synthèse en somme de la pensée et de l'œuvre de cet homme qui nous apprend à aimer, à contempler et à vivre : « Regarde la lumière et admire sa beauté. Ferme l'œil et observe. Ce que tu as vu d'abord n'est plus et ce que tu verras ensuite n'est pas encore. »

Réalisations de maquettes d'après les dessins de Léonard de Vinci d'un char blindé et d'un pont au Clos Lucé.

Chronologie

1452   Naissance de Léonard au village de Vinci, en Toscane.

1466   Léonard est élève du peintre Verrochio à Florence.

1472   Léonard, membre de la corporation des peintres de Florence.

1481   Léonard peint *L'Annonciation* (musée des Offices) et s'intéresse à l'art militaire, mettant au point le principe de la mitrailleuse et du char d'assaut.

1481   Léonard peint *L'Adoration des Mages* pour le monastère de San Donato, qui restera inachevé.

1482   Léonard entre au service de Ludovic le More, duc de Milan, en qualité de sculpteur-ingénieur-peintre et metteur en scène.

1489   Léonard se lance dans l'anatomie et l'architecture.

1490   Léonard organise la fête du *Paradiso* à l'occasion du mariage de Gian Galeazzo Sforza avec Isabelle d'Aragon.

1495   Léonard commence *La Cène* pour le réfectoire du couvent de Sainte-Marie-des-Grâces qu'il achèvera quatre ans plus tard.

1498   Léonard décore la Sala delle Asse et expérimente sa machine volante.

1499   Léonard quitte Milan, occupé par l'armée de Louis XII.

1500   Léonard séjourne à Mantoue à la cour d'Isabelle d'Este, puis à Venise et enfin à Florence.

1501   Léonard est plongé dans les mathématiques.

1502   Léonard devient ingénieur militaire pour le compte de César Borgia et inspecteur de ses forteresses. Amitié avec Machiavel.

1503	Léonard réside à Florence.
1504	Mort du père de Léonard qui laisse, en plus de lui, dix garçons.
1505	Nouvelles études sur les oiseaux et les machines volantes.
1506	Léonard entre au service de Charles d'Amboise, gouverneur français du Milanais. Louis XII admire ses tableaux.
1507	Léonard peint *La Joconde* et entre au service de Louis XII, roi de France, en qualité de peintre et ingénieur ordinaire.
1513	Léonard entre au service de Julien de Médicis, frère du pape Léon X, au palais du Belvédère ; Projet d'assainissement des marais pontins.
1516	Léonard entre au service de François Ier, roi de France.
1517	Léonard s'installe au Clos Lucé, à Amboise, et met au point le projet de Romorantin.
1518	Léonard met en scène les fêtes données à l'occasion du baptême du dauphin et du mariage de Laurent de Médicis.
1519	Le 2 mai, mort de Léonard au Clos Lucé.

Esquisse Bibliographique

BRAMLY (S.) « Léonard de Vinci » (J.-C. Lattès, 1988)

BECK (J.) « Leonardo's rule of painting » (Oxford, 1979)

BÉRENCE (F.) « Léonard de Vinci, ouvrier de l'intelligence » (Payot, 1938)

BOURASSIN (E.) « François Ier, le roi et le mécène » (Tallandier, 1997)

COLLECTIF « Léonard de Vinci » (Hachette, 1959, avec des textes de Marcel Brion, Jean Cocteau, Emmanuel Berl, etc.)

CIANCHI (M.) « Les Machines de Léonard de Vinci » (Bedocci, 1984)

COLEMAN (M.) « Amboise et Léonard de Vinci » (Tours 1932)

COLEMAN (M.) « Histoire du Clos Lucé » (Arrault et Cie, 1937)

DELUMEAU (J.) « La Civilisation de la Renaissance » (Arthaud, 1967)

GOOLSCHEIDER (L.) « Léonard de Vinci » (Phaidon Press, 1959)

MEREJKOVSKI (D.) « Le Roman de Léonard de Vinci » (Calmann-Lévy, 1926)

MONNIER (P.) « Le Quattrocento » (Perrin, 1931)

MOURGUE (G.) « Léonard de Vinci » (France-Empire, 1991)

RETI (L.) « Léonard de Vinci, l'humaniste, l'artiste, l'inventeur » (Laffont, 1974)

ROSCI (M.) « Léonard de Vinci » (Mondadori, 1976)

SIBERT (M.-L.) « Les Rencontres d'Amboise » (Éditions Barcla, 1969)

SUREN (O.) « Léonard de Vinci, l'artiste et l'homme » (Van Oest, 1928)

VERDET (A.) « Leonardo da Vinci, le rebelle » (Coarze, 1957)

Château du Clos Lucé
Parc Leonardo da Vinci

37400 Amboise
02 47 57 00 73
chateau.closluce@wanadoo.fr

Achevé d'imprimer
le 27 Mai 2005

Imprimé en France

Dépôt légal 2ᵉ semestre 2005
N° d'éditeur 612
ISBN 2-85443-448-X